AF404898

A° L 56
3491 (1-3)

BIBLIOTHÈQUE NATIONALE · DONATION BAUDÉOUDLE · N° IMPRIMÉS

Au Bureau des Annonces, 11, rue Taitbout. Au Bureau de L'ÉCLIPSE, 16, Rue du Croissant, PARIS

DÉPOSÉ — Tous droits réservés.

(1)

NAPOLÉON III.

BIBLIOTHÈQUE NATIONALE
DONATION
AUDÉOUD
No
IMPRIMÉS

N° 1

Au Bureau des Annonces, 11, rue Taitbout.

LE VAUTOUR (Lâcheté - Férocité)

LA MÉNAGERIE IMPÉRIALE.

EUGÉNIE

N.º 2

LA GRUE (Pose-Bêtise).

LA MÉNAGERIE IMPÉRIALE.

LE REJETON IMPÉRIAL.

LE SERIN (Parade-Inutilité)

LE PRINCE NAPOLÉON.

N.° 4

Au Bureau des Annonces, 11, rue Taitbout.

LE LIÈVRE (Prudence - Pusillanimité)

LA MÉNAGERIE IMPÉRIALE.

LA PRINCESSE MATHILDE.

N.º 5

LA TRUIE (Luxure-Impudeur).

LA MÉNAGERIE IMPÉRIALE.

PIERRE BONAPARTE.

N°. 6

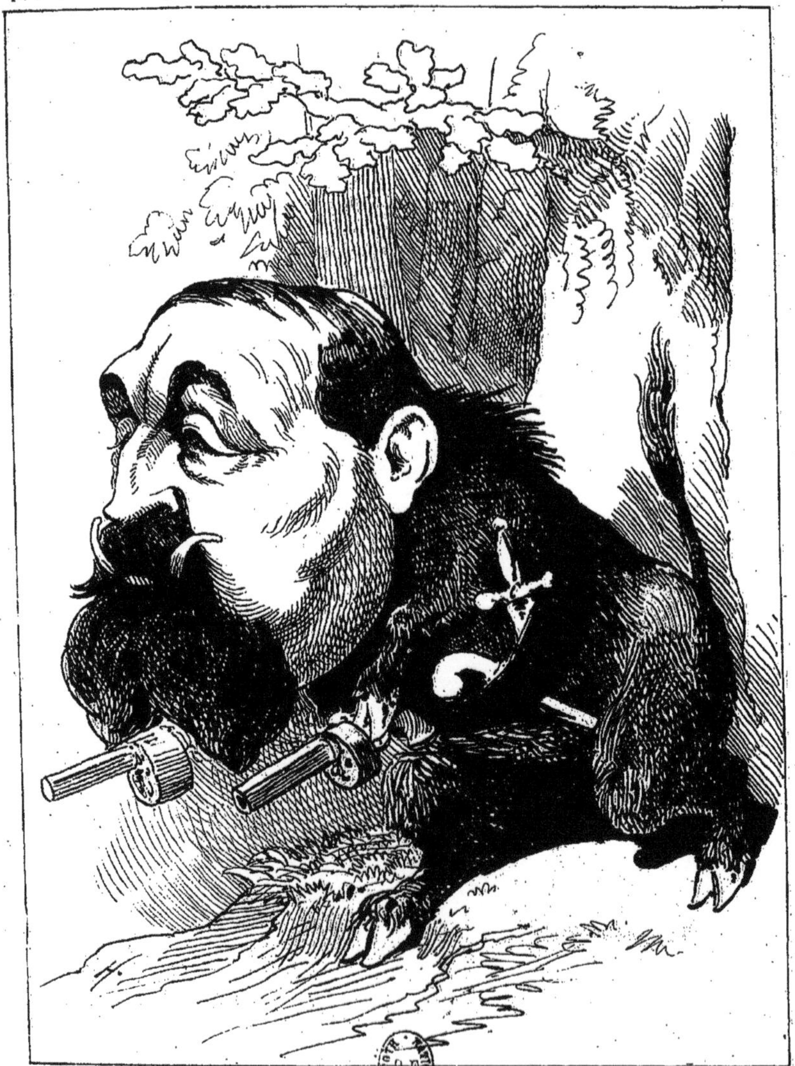

Au Bureau des Annonces, 11, rue Taitbout.

DEPOSE — Tous droits réservés

LE SANGLIER (Sauvagerie-Brutalité).

ROUHER.

N.° 7

LE PERROQUET (Domesticité - Jactance).

Au Bureau des Annonces, 11, rue Taitbout. — DÉPOSÉ — Tous droits réservés.

HAUSSMANN.

N° 8

Au Bureau des Annonces, 11, rue Taitbout.   DÉPOSÉ — Tous droits réservés

LE CASTOR (Activité-Lucre).

ÉMILE OLLIVIER.

N.º 9

LE SERPENT (Bassésse-Duplicité).

MARGUERITE BÉLENGER.

N.º 10

LA CHATTE (Souplesse-Rouerie).

N.° 11

Au Bureau des Annonces, 11, rue Taitbout.   DÉPOSÉ — Tous droits réservés

LE MAQUEREAU (Proxenétisme)

SCHNEIDER.

LE LAPIN BLANC (Arrogance-Domesticité)

N.° 13

Au Bureau des Annonces, 11, rue Taitbout

DÉPOSÉ — Tous droits réservés.

LE SINGE (Imitation servile)

PIÉTRI

N.º 14

Au Bureau des Annonces, 11, rue Taitbout. R.F. DÉPOSÉ — Tous droits réservés.

LA MOUCHE (Ruses-Espionage)

CASSAGNAC

N° 15

LE PORC-ÉPIC (Irritabilité-Violence)

JEROME DAVID

N° 16

Au Bureau des Annonces, 11, rue Taitbout   DÉPOSÉ — Tous droits réservés.

LE DOGUE (Fidélité-Voracité).

LA MÉNAGERIE IMPÉRIALE.

ZANGIACOMI

N° 17

L'IBIS (Fétichisme - Mensonge)

FLEURY

N.º 18

Au Bureau des Annonces, 11, rue Taitbout

DÉPOSÉ — Tous droits réservés

LE CHEVAL MARIN (Chair et Poisson)

N.° 19

Au Bureau des Annonces, 11, rue Taitbout.   DÉPOSE — Tous droits réservés

LE CRAPAUD (Hideur - Venin)

DE FAILLY

N.º 20

Au Bureau des Annonces, 11, rue Taitbout   DÉPOSÉ — Tous droits réservés.

LE BICHON (Frivolité-Cotillon)

BERNIER.

N.º 21

Au Bureau des Annonces, 11, rue Taitbout ·   DÉPOSÉ — Tous droits réservés.

L'HUÎTRE (Intrigues ténébreuses).

FROSSARD

N.º 22

Au Bureau des Annonces, 11, rue Taitbout   DÉPOSÉ — Tous droits réservés.

L'ÂNE (Ignorance-Entêtement)

CONNEAU.

N.º 23

Au Bureau des Annonces, 11, rue Taitbout.:   DÉPOSÉ — Tous droits réservés.

LA SANGSUE (Attachement-Avidité).

MAUPAS

N° 24

Au Bureau des Annonces, 11, rue Taitbout

DÉPOSÉ — Tous droits réservés.

LE DINDON (Vanité-Stupidité).

PALIKAO.

N.º 25

Au Bureau des Annonces, 11, rue Taitbout   DÉPOSÉ — Tous droits réservés.

LE PHOQUE (Vive l'Empereur !).

NEWERKERQUE

N.° 26

Au Bureau des Annonces, 11, rue Taitbout   DÉPOSÉ — Tous droits réservés

LE CANICHE (Bohême-Rapine)

LEBŒUF

N.° 27

Au Bureau des Annonces, 11, rue Taitbout.

DÉPOSÉ — Tous droits réservés

L'OIE (Suffisance-Nullité)

CHEVREAU

N.º 28

LE BOUC (Odor della feminata)

1 Le Crocodile Magnan, — 2. le Crabe Walewski. 3. le Caméléon Billault.

MUSÉE DES EMPAILLÉS.

N.º 30

Au Bureau des Annonces, 11, rue Taitbout — DÉPOSÉ — Tous droits réservés

1. Le Renard **Morny**, — 2. le Tigre Sᵗ Arnaud,

3. le Condor **Troplong**, — 4. la Chauve-Souris **Baroche**,

MUSÉE DES EMPAILLÉS.

N° 31

Au Bureau des Annonces, 11, rue Taitbout.

DÉPOSÉ — Tous droits réservés

1. Le Boa Jérôme, — 2. le Rat d'Eglise Sibour,

3. le Hibou Mocquard, — 4. la Pie Fould,

5. le Chambellan Néro.

www.ingramcontent.com/pod-product-compliance
Ingram Content Group UK Ltd.
Pitfield, Milton Keynes, MK11 3LW, UK
UKHW022141070726
13613UKWH00003B/1400